AF224432

48
Lö 2458.

HUITIÈME
BANQUET ROYALISTE,

À L'OCCASION

DU DOUBLE ANNIVERSAIRE

DE LA NAISSANCE

DE LL. AA. RR. MONSIEUR, OMTE D'ARTOIS,

ET

MONSEIGNEUR LE DUC DE BORDEAUX;

DE LA FÊTE DE S. A. R. MADAME;

ET EN L'HONNEUR DES VICTOIRES

DE L'ARMÉE FRANÇAISE

ET DE LA DÉLIVRANCE

DU ROI FERDINAND,

Le 14 octobre 1823.

HOMMAGE OFFERT AU PRINCE GÉNÉRALISSIME,

SON ALTESSE ROYALE MONSEIGNEUR

DUC D'ANGOULÊME,

Société des XXIX.

PARIS,

IMPRIMERIE D'HIPPOLYTE TILLIARD,

RUE DE LA HARPE, N° 78.

1823.

HUITIÈME
BANQUET ROYALISTE.

À L'OCCASION DES VICTOIRES

DE L'ARMÉE FRANÇAISE.

***

Sur son char orné des trésors de l'automne, Septembre s'avançait dans les routes de l'année, tenant en main la céleste balance, emblème et présage tout-à-la-fois de l'équilibre social que vont rétablir et fixer, pour l'Europe entière, les événements dont la Providence a semé son cours sous l'ère réparatrice des Bourbons. Déjà, dans les nouveaux cieux que la main de l'Éternel déroule sur leurs têtes augustes pour y marquer, par des signes nouveaux, le rajeunissement de leurs impérissables destinées, se reproduisent aux regards des Français, et l'image du saint Roi, descendant du séjour de Dieu même, pour révéler à une autre Blanche le mystère de sa miraculeuse maternité, (1) et le glaive de l'Archange, terrassant le dragon de la révolte, et, parmi les feux et

---

(1) *Voyez* plus bas le *toast* porté en l'honneur, de L. L. A. A. R. R. les Princesses de France (page 13)

les éclairs qui jaillissent de ce glaive immortel, un berceau où commence à respirer le souffle de la vie un petit enfant duquel sortiront une foule de générations souveraines qui ne doivent point périr. Tandis qu'aux approches de cette époque sur laquelle pivote au loin, dans le cours des siècles, l'éternel salut de la monarchie, la France s'apprête à déployer toute la pompe des joies nationales, le sanctuaire filial des XXIX, consacré à un culte particulier d'amour pour le jeune HENRI, va s'ouvrir à son tour pour les riants et modestes plaisirs d'une fête de famille.

Cependant je ne sais quels pressentiments heureux de nouveaux prodiges tiennent les esprits en suspens, et semblent les avertir que devers les colonnes d'Hercule, comme aux murs du Capitole, vont s'accomplir, pour la politique et pour la religion, de grands et extraordinaires desseins, par qui l'Europe sera frappée d'admiration et remplie d'allégresse : tout présage enfin qu'un Roi sera rendu à l'Espagne, qu'un chef sera donné à l'Église, vers cette même date d'où la France s'accoutume à compter les jours de sa sécurité politique ; comme si, pour en rehausser l'influence aux yeux des nations, le Ciel voulait se complaire à faire coïncider, dans la marche correspondante des époques annuelles, la délivrance d'un Roi-Bourbon, et l'exaltation d'un Pontife Romain, avec la naissance d'un Prince appelé, par son rang et par sa position d'état, à se montrer un jour l'héroïque soutien de l'autel et du trône.

A cette noble attente, dont les motifs reposent, aux bords du Tibre, sur la sagesse des princes de l'Église, et aux rives du Guadalquivir, sur l'héroïsme de nos troupes, se joint le désir de reculer de quelques jours la solennité des XXIX, pour en augmenter les jouissances à l'ombre des lauriers français, en rapprochant du berceau de Henri le berceau de son auguste aïeul (1), la veille même du jour où, dans les élans d'un tendre et respectueux enthousiasme, tous les bons Français célèbrent à l'envi la fête de la Fille de Louis XVI (2), de la digne épouse du libérateur de l'Espagne.

Ce n'est donc que lorsque la Renommée aux ailes rapides, à la voix éclatante, avait déjà proclamé l'accomplissement de nos présages, par l'exaltation de Léon XII (3), et fait retentir la France et l'Europe du bruit de nos succès, par la

____

(1) S. A. R. MONSIEUR, Comte d'Artois, est né le 9 octobre.

(2) Le jour de sainte Thérèse, 15 octobre.

(3) Le Pape Léon XII a été élu le 28 septembre ;

Le 29 septembre, les Cortès ont supplié le Roi d'Espagne de reprendre la plénitude de son autorité ;

Le 30, Ferdinand a été libre ;

Le 1er octobre, il est remonté sur son trône par l'exercice souverain de ses droits.

délivrance de Ferdinand, et par la chute du dernier rempart de la révolte cortésienne, que s'est ouvert, le 14 octobre, le huitième Banquet royaliste des XXIX, consacré tout à la fois à l'anniversaire de la naissance de LL. AA. RR. Monsieur, Comte d'Artois, et Monseigneur le Duc de Bordeaux, à la fête de S. A. R. Madame, Duchesse d'Angoulême, au rétablissement du Roi d'Espagne sur le trône, aux victoires de notre armée, et à l'immortel honneur de leur auguste Chef.

Au signal donné par la musique, les nombreux convives, précédés par le président et les autres dignitaires des XXIX, sortent de la salle de réunion, et se rendent en ordre dans celle du festin, dont l'enceinte, ornée avec goût, offre au milieu des feux étincellants d'une Gloire, qu'environnent les drapeaux unis de France et d'Espagne, un trophée royal de famille, composé des bustes de tous les Bourbons, ingénieusement groupés autour de ceux de Ferdinand et du duc d'Angoulême, mis en regard l'un de l'autre, et liés par une guirlande tressée d'immortelles, de lis et de lauriers. Au-dessous, et comme servant de base au trophée Bourbonien, se présentent sous la forme d'autant d'écussons ornés de fleurs de lis et chargés d'inscriptions analogues, plusieurs pièces tirées des Archives, et auxquelles la Société attache diversement un prix de conservation, de reconnaissance et d'amour. L'œil y distingue avec plaisir le recueil des morceaux de vers et de prose consacrés, depuis l'établissement de la Société, à la célébration de ses fêtes ; une belle édition du CHANT DE GUERRE (1) dédié par elle aux soldats de France et de la Foi, avec les lettres flatteuses dont l'ont honorée à ce sujet les chefs des corps de l'une et de l'autre armée royale ; la précieuse collection des médailles de la Fidélité, marque non équivoque de l'intérêt que S. Exc. le Ministre de l'intérieur porte à l'association des XXIX ; et enfin l'ŒILLET DE HENRI, fleur que le royal enfant offrit lui-même à l'une de leurs députations, et que la Société conserve soigneusement dans un œillet artificiel dont elle se plaît à orner le buste de son jeune patron.

C'est en regard de ces objets dont s'enorgueillit la fidélité, dont le royalisme s'honore, que commence le banquet, au bruit des ovations royaliste.

Mais déjà la douce hilarité qui naît des premiers exploits gastronomiques circule à la ronde avec les flots de vin, préparant les esprits aux élans des cœurs, par les brillantes explosions du sentiment et de la joie. Pour en ouvrir dignement la chaîne,

---

(1) Paroles de MM. Lestrade et Vial, musique de M. Noyrigat père ; mis en partition à grand orchestre par un professeur de l'École royale de musique, à l'usage des corps de l'armée, et avec accompagnement de *piano-forte*.

Cet hymne *gallo-ibérien* a été exécuté au dernier banquet du mois de mai (1823).

(6)

M. le président propose la santé du Roi; et, sur son invitation, elle est proclamée à quadruple batterie (1) par un de ces vétérans du royalisme qui ont attaché leur nom et leur talent à la défense des victimes les plus augustes (2) : « Buvons, s'écrie » l'honorable convive ; buvons ,

» A LA SANTÉ DE S. M. LOUIS XVIII :

» Roi

Proscrit, il fit respecter sa dignité ;
Rétabli, il fit chérir sa clémence ;
Législateur, il fit admirer sa sagesse ;
Puissant, il fait triompher la monarchie ;
Il ferme l'abîme des révolutions. »

Exhalé de tous les cœurs, à l'envi répété par toutes les bouches, le cri de *vive le Roi !* se reproduit avec un nouveau charme, en s'alliant au cri de nos victoires, dans les couplets suivants, que chante un aimable interprète de la fidélité nationale (5) :

---

(1) Les vieux royalistes qui ont fondé la Société des XXIX, s'étant toujours *mis en quatre* pour défendre les Bourbons, n'en ont pas voulu perdre l'habitude en les fêtant. Chaque santé est, chez eux, divisée en *quatre feux*, qui sont indiqués par les noms suivants, devenus sacramentels : LOUIS, MARIE-CAROLINE, CHARLES, HENRI; ainsi qu'on le trouve expliqué plus au long dans les cahiers précédents.

(2) M. Chauveau - Lagarde, défenseur de la Reine Marie-Antoinette.

(3) M. Roth, secrétaire de l'ambassade française à Lisbonne.

Air : *Un soldat par un coup funeste.*

Quand l'Espagne en pleurs redemande
Le Roi qui lui rendra la paix,
A son neveu Louis commande
De partir avec ses Français.
   Honneur et vaillance
Les guident, comme à Fontenoi,
Sous le drapeau d'un noble fils de France.
   Vive le Roi ! vive le Roi ! (*bis.*)

La Révolte tremble et recule
Devant le Français indompté.
Jusques aux colonnes d'Hercule
Le drapeau des lis est porté.
   La ville rebelle,
Des Français subissant la loi,
Rend un Bourbon à l'Espagne fidèle.
   Vive le Roi! vive le Roi! (*bis.*)

Le monument que la Victoire
Fondait aux portes de Paris,
Semblait attendre un jour de gloire
Qu'elle réservait à Louis.
   Superbe portique,
Les temps sont venus.... ouvre-toi
Pour les soldats de l'armée héroïque.
   Vive le Roi ! vive le Roi ! (*bis.*)

O France ! quel bonheur immense
L'avenir déploie à nos yeux :
Une ère nouvelle commence
Pour nous et nos derniers neveux.

La France a pour gage
Des guerriers l'honneur et la foi ;
Tous ses enfans rediront d'âge en âge !
Vive le Roi ! vive le Roi ! (*bis.*)

En ravivant l'enthousiasme que savent si bien inspirer les BOURBONS, ce refrain provoque tour à tour les mêmes vœux en l'honneur des Membres de l'auguste Famille ; et, s'armant de nouveau de la coupe joyeuse, les convives exécutent avec une brillante vivacité, pour le premier des FILS DE FRANCE, les batteries que commande un de ces hommes honorables (1) dont la reconnaissance publique a dès long-temps inscrit le nom et la famille sur les registres de la fidélité parisienne.

« J'ai l'honneur, dit-il, de vous proposer la » santé de S. A. R. MONSIEUR, COMTE D'ARTOIS :

« Le premier, le plus fidèle sujet de son Roi ;
« L'exemple des Princes ;
« Le modèle des chevaliers ;
« L'ami, l'amour des Français ! »

A ces mots volent de bouche en bouche, rappelés par les vertus du père, les héroïques exploits du fils, de Monseigneur le DUC D'ANGOULÊME, dont le nom, inséparable de celui de la brave ar-

---

(1) M. le baron Aclocque, de Saint-André, aide-major-général de la garde nationale de Paris.

mée qui a vaincu par lui, comme il a triomphé par elle, est désormais devenu parmi nous synonyme de valeur et de gloire. La santé de ce Prince et de ses troupes est aussitôt proclamée en ces mots par un noble guerrier (1) dont la loyauté honore le courage.

« A S. A. R. le Prince généralissime;

« Aux guerriers de toutes armes placés sous « son suprême commandement :

« La France voit en lui {
Le soutien de sa gloire ;
Le vainqueur de la révolte :

« La France voit en eux {
Les pacificateurs de l'Espagne :
Les libérateurs de Ferdinand. »

Impatiente de mêler de nouveau ses accents aux brûlants transports qu'excite ce *toast* héroïque, la poésie, empruntant la voix d'un de ses amants les plus favorisés (2), fait entendre les strophes suivantes :

Air : *J'ai vu partout dans mes voyages.*

Naguère l'Europe en alarmes
A vu chez l'Ibère étonné,
Des factieux, volant aux armes,
Mettre aux fers leur Roi détrôné.

---

(1) Le comte de Manhés, lieutenant-général des armées du Roi.

(2) M. Brifaut, connu par plusieurs productions pleines de goût.

Sujets, amis, tout l'abandonne ;
Il pâlit, mais la France est là ;
Et quand il perdait sa couronne,
Un Bourbon lui dit : La voilà !

Toi par qui Ferdinand respire,
Toi qui l'armas, jeune héros,
Non pour conquérir un empire,
Mais pour l'arracher aux bourreaux ;
Au-dessus de toutes les gloires
S'élève ta célébrité ;
Car chacune de tes victoires
Sauve un crime à l'humanité.

De toi que ton épouse est fière !
Par toi, que ton père est heureux !
Rapporte la blanche bannière
Aux pieds de ton Roi généreux.
Quand tu délivrais l'Ibérie,
Il veillait à notre bonheur,
Et des jours de sa noble vie
Aucun n'est perdu pour l'honneur.

O France ! ô mère bien-aimée !
Souris à nos lis triomphants ;
De leur nouvelle renommée
Jouis au sein de tes enfants.
Partout où leurs armes paraissent
Ils doivent compter des succès,
Et jamais les lauriers ne cessent
D'être la moisson des Français.

» Sans doute, Messieurs, » s'écrie alors, par
un heureux impromptu, un autre honorable

convive (1) , au milieu des transports de plaisir produits par le chant de ces strophes ; « sans doute « France et Victoire sont inséparables sous nos « drapeaux, quand un Bourbon les guide. Hon- « neur encore, immortel honneur à ce prince « magnanime qui fait rentrer Ferdinand dans « tous ses droits, remet en ses mains le sceptre « et la couronne !

> » Des peuples vantés dans l'histoire
> » Égalant les plus grands héros,
> » La France lui devra sa gloire,
> » L'Europe entière son repos. »

« Les nations, délivrées du joug de l'anarchie et « du despotisme, désormais vont respirer sous la « puissance paternelle de leurs légitimes souve- « rains. Le Ciel se manifeste !

> » Le Ciel est apaisé ; nos malheurs vont finir ;
> » Livrons-nous à l'espoir d'un plus doux avenir.
> » Le retour des Bourbons, race antique et si chère,
> » Ramène enfin la paix, et console la terre. »

Aux idées douces, aux affections tendres dont ces derniers vers pénètrent les convives, tous les cœurs se portent naturellement vers les Princesses augustes dont le Ciel, dans sa clémence, a fait présent à la terre, pour embellir parmi nous les approches du trône, et les rendre plus faciles au

----

(1) M. Deville, ancien trésorier de France.

malheur, en tempérant l'éclat de la puissance par le charme de la bonté. Interprète bien digne des sentiments de l'assemblée, un de ces preux aux vertus chevaleresques, qui, avant même de pouvoir combattre pour le Roi et son auguste Famille, s'offrirent comme otages, et voulurent s'immoler en victimes, pour les conquérir à la vie et à la liberté, M. le comte de Laboulaye-Marillac (1) prélude ainsi au *toast* solennel en l'honneur de LL. AA. RR.

« Les anciens chevaliers, dit-il, avaient pour
» devise : DIEU ET MA DAME, et, comme les braves
» Gaulois, nos ancêtres, ils attribuaient aux ins-
» pirations de la femme vertueuse quelque chose
» de sublime, de touchant, de surnaturel et de
» presque divin ... Pardon, Messieurs, de vous
» attendrir en réveillant dans vos cœurs le souve-
» nir de la fatale nuit. ... Je m'arrête. ... Mais
» quelle sublimité d'ame et de sentiment dans
» cette invocation si touchante, où les vertus re-
» ligieuses triomphaient de l'excès des plus cruelles
» angoisses de la douleur !... *Charles ! n'oubliez*
» *pas de dire à mon père de prier Dieu pour*
» *la France et pour nous*... (2). Un Bourbon

---

(1) Chevalier de Saint Louis, Directeur et Professeur de l'Ecole royale de teinture des Gobelins, l'un des otages de Louis XVI et de la famille Royale.

(2) Historique.

» relève avec des Français le trône d'un autre des-
» cendant d'Henri IV.... La prière de Madame
» est exaucée !!

« La courageuse veuve du brave Berri, penchée
» chaque jour sur l'urne funéraire de son auguste
» époux, incertaine encore si elle porte dans ses
» flancs généreux un héritier du trône, gémit, et
» lève vers le ciel des yeux noyés de larmes,
» quand tout à coup, descendant de la voute cé-
» leste, saint Louis, dans un songe prophé-
» tique, lui apparaît, et lui révèle le secret
» consolateur de sa maternité. En vain Monsieur,
» Comte d'Artois, s'efforce de tempérer de trop
» doux transports, pour préparer son auguste fille
» à recevoir le don toujours chéri de la Provi-
» dence, quel qu'il soit, *Mon père*, répond Caro-
» line, *vous avez beau dire, j'en croirai plutôt*
» *saint Louis que vous...* (1) Et bientôt Henri
» vient combler les vœux de la France.

« N'est-ce pas là cet idéal enchanteur de grâces
» et de vertus angéliques réalisé, personnifié sous
» nos yeux ?

« C'est avec ces sentiments et cet abandon de
» cœur qui confond dans les mêmes vœux les
» objets de son respectueux amour, que nous
» nous écrierons avec tout l'enthousiasme de vrais
» Français :

---

(1) Historique.

» Vive la nouvelle Valentine, l'héroïque mère
» de l'Enfant du prodige !

» Vive la jeune Princesse, tendre rose que le
» Ciel fait croître à côté du lis !

» Vive l'Antigone française, l'héroïne de Bor-
» deaux, la digne épouse du libérateur de Fer-
» dinand ! »

Ici tous les cœurs s'élancent de nouveau par-
delà les Pyrénées, et s'ouvrent aux inspirations
françaises que l'imagination leur rapporte de ces
champs fameux, où nos braves, par la rapidité
de leurs succès, ont, pour ainsi dire, fatigué les
ailes de la Victoire.

Rattachée par leurs beaux faits d'armes aux
drapeaux de la Fidélité, pouvait-elle être plus dignement célébrée que par un brave qui, après
avoir combattu au DIX AOUT pour l'infortuné
Louis XVI, n'a pas cessé depuis de servir noblement sa cause (1). Aussi l'enthousiasme re-
double au bruit des couplets suivants :

---

(1) M. le colonel de Bersi, chevalier de Saint-Louis,
décoré de la médaille du 10 *août* par le gouvernement
suisse, aide-de-camp de M. le lieutenant-général comte
de Willot, gouverneur de la Corse.

Air : *De la marche des Émigrés,*

Victime des plus noirs forfaits,
Un Roi gémit dans l'esclavage ;
Mais déjà cent mille Français
S'arment pour venger son outrage :
Ils marcheront, ils combattront, ils vaincront,
    Et les hordes rebelles
Reculeront, disparaîtront, périront
    Sous leurs armes fidèles.

        (bis,
        en chœur.)

Des traîtres, de vils déserteurs,
Tombent au bruit de leur tonnerre,
Et nos étendards protecteurs
Couvrent et consolent l'Ibère.
Sons d'Angoulême ils ont marché, combattu,
    Et les hordes rebelles
De toutes parts ont reculé, disparu
    Sous leurs armes fidèles.

        (bis,
        en chœur.)

Soldats de France et de la Foi,
Jouissez de votre victoire ;
A l'Espagne elle rend son Roi,
Des lis elle augmente la gloire :
Des rois Bourbons elle éternise les droits,
    Et leurs sujets fidèles
Libres, heureux, couvrent vos noms, vos xeploits
    De palmes immortelles.

        (bis,
        en chœur.)

Ces palmes, à leur tour, ne seront pas de vains
et d'ordinaires trophées. trop souvent obtenus par

un courage aveugle au profit de l'orgueil, et né-
gligés ou perdus ensuite par une indécise et molle
politique, dans l'intérêt des peuples. De plus hauts
destins, de meilleurs résultats, attendent le triomphe des armées royales, ou plutôt des deux grandes
nations dont elles viennent d'accomplir les vœux
sous les auspices de la gloire. «Saluons, Messieurs,
» s'écrie un des convives, saluons par un même
» *toast* et la France et l'Espagne, et décernons
» l'honneur de le porter au loyal Français, au roya-
» liste de vieille roche qui nous préside (1), et dont
» les titres à l'estime de tous les amis du trône
» tirent un nouvel éclat de celui dont vient de se
» couvrir, par de beaux faits d'armes dans les
» champs espagnols, un de ses fils (2), que la So-

---

(1) M. le chevalier Delarue, garde général des Archives
du royaume, digne compagnon de dévouement et d'infortune des généraux Willot et Pichegru.

(2) M. Delarue Saint-Léger, capitaine, aide-de-camp
de M. le maréchal duc de Raguse, attaché à l'état-major
du maréchal Bourmont, en Espagne. Ce jeune officier, à la
tête d'un faible détachement de huit dragons et de quelques
douaniers, a battu et fait prisonniers soixante-quatre fantas-
sins espagnols composant la garnison de Puymogo dans la
Sierra Morena, avec un général, deux colonels et plusieurs
officiers qui la commandaient. Cette belle action lui a valu
la croix de la Légion-d'Honneur, et le prince généralissime
a voulu qu'elle fût mentionnée dans son brevet.

» ciété des XXIX se félicite de compter, dès sa créa-
» tion, au nombre de ses membres agrégés. »

Sur cette proposition, que l'assemblée accueille par des applaudissements unanimes, M. le che-valier Delarue développe en ces termes le *toast* en l'honneur de la France et de l'Espagne :

MESSIEURS,

« *Il n'y a plus de Pyrénées* : ce qu'a dit un grand Roi, ce qu'il a voulu, un héros de son sang vient de l'accomplir. La Révolte avait relevé ces monts fameux; la Fidélité les rabaisse pour tou-jours.

» Philippe V s'asseyant, à la voix de Louis XIV, sur l'antique trône des Pélage et des Charles-Quint; Ferdinand VII rétabli sur ce même trône par l'épée de notre vaillant duc d'Angoulême, offrent, dans les annales des deux peuples, un double prodige, bien digne du respect et de l'ad-miration des siècles.

Qu'il est brillant, Messieurs, l'avenir que pro-mettent à l'Europe la France et l'Espagne, sous le sceptre paternel des Bourbons! C'est à ces deux illustres branches de la plus auguste famille, que la Providence réservait l'inappréciable mérite de terrasser enfin le monstre de l'anarchie, chaque jour plus menaçant. Liées par les plus nobles, les plus généreux sentiments, autant que par les intérêts politiques, elles donneront l'utile exemple d'une union inaltérable. et elles deviendront le premier rempart des trônes et du bonheur des peuples.

» Grâces éternelles au Roi des cieux, qui, en couvrant de sa divine égide les rois de la terre, montre aux nations les véritables voies du devoir et du salut !

» Gloire immortelle au grand, au sage monarque qui a aussi *voulu* le miraculeux événement qui nous remplit d'allégresse!

» Gloire au royal preux qui l'a si habilement dirigé !

» Gloire à la brave armée qui l'a si honorablement terminé !

» Semblable à la foudre, qui, lancée de la cime des Pyrénées, irait, sur l'aile des vents, frapper au sommet des colonnes d'Hercule, l'armée française, dévorant l'espace sur les ailes de la Victoire, battant l'ennemi, dispersant ses colonnes, foudroyant ses forteresses, soumettant ses villes, et surtout gagnant tous les cœurs, a couronné la conquête entière de l'Espagne par la délivrance de son Roi. en quatre fois moins de temps qu'il n'en fallut au redoutable usurpateur pour voir son orgueil humilié sous les murs de Cadix.

» A l'aspect de si hauts faits, devant lesquels pâlissent ceux de l'antiquité, livrons. Messieurs, livrons nos cœurs à tout l'abandon du sentiment.

à toute l'ivresse de la joie, et, saisissant avec une nouvelle ardeur la coupe du Plaisir, saluons par un *toast* solennel cette belle France, qui sauve aujourd'hui l'Espagne, et cette héroïque Espagne, qui, par une inspiration honorable pour les deux peuples, plante sur le tombeau du Cid le laurier du duc d'Angoulême.

» L'Espagne restera aussi reconnaissante que la France s'est montrée généreuse.

» L'une et l'autre accompliront leurs brillantes destinées.

» Leur amour pour leurs illustres souverains sera aussi durable que leur gloire. »

Aux applaudissements qu'excite ce beau morceau, dicté à la raison par l'enthousiasme ; aux acclamations dont retentit la salle du festin ; au bruit mesuré des batteries ; au charme plus piquant que leur prêtent les flots alternatifs des vins de France et d'Espagne (ce qui fait redire à maint convive, en parodiant l'éloquence par le plaisir, au fond de son verre, *il n'y a plus de Pyrénées*), s'ouvre, avec la pompe des instruments et l'harmonie des voix, l'exécution d'un nouvel hymne, formant la suite du CHANT DE GUERRE, et dont la Société fait un second hommage à nos guerriers, sous le titre de :

CHANT DE TRIOMPHE (1).

REFRAIN.

FRANÇAIS, l'Europe vous contemple ;
L'Ibère a banni son effroi :
A son Dieu vous rendez un temple :
Vous rendez un sceptre à son Roi.

Paré d'une vaine couronne ,
Victime de sujets pervers ,
Sur un simulacre de trône
Ferdinand agitait ses fers.
Vous arrachez à l'esclavage
De nos Rois le frère et le fils.
L'Ibérie en avait pour gage
Les Bourbons, l'honneur et les lis.
Français, etc.

Vous vîtes le drapeau sans tache
Ombrager vos fronts glorieux ,
Et devant vous le blanc panache
Qui jadis guidait nos aïeux.
Il fut légué par Henri-Quatre
A ce héros, son petit-fils ;
Il vous dit : Accourez combattre

---

(1) Par les auteurs du *Chant de guerre.* (Voyez plus haut, page 5.)

Dire que les accompagnements ont été dirigés par M. Jadin (*), et les *solos* chantés par M. Noyrigat père, c'est indiquer assez le plaisir qu'a dû produire ce morceau.

(*) Chevalier de la Légion-d'Honneur, gouverneur des pages de la Chapelle du Roi.

Pour l'honneur, les Bourbons, les lis.

Français, etc.

Soudain le bruit de vos cohortes
Au loin chasse les ennemis;
L'Espagne entière ouvre ses portes,
Cadix se rend : tout est soumis.
Par vous, de nos voix fortunées,
Rappelant le mot de *Louis*,
Nous chantons : PLUS DE PYRÉNÉES....
Pour l'honneur, les Bourbons, les lis.

Français, etc.

Jamais une cause si belle,
Jamais de plus brillants succès !
Cette fois le fer n'étincelle
Que pour le bonheur et la paix.
Ce n'était plus la guerre impie
A l'Espagnol faisant horreur;
Vous lui rendez une patrie,
Un Bourbon, son Dieu, son honneur.

Français, etc.

Des braves d'Espagne et de France
Proclamons le toast solennel;
Buvons à leur noble vaillance,
Soutien du trône et de l'autel.
Pour Dieu, le Roi, la monarchie,
Partageant leur brûlante ardeur,
Chantons tous : Vivent la patrie,
Les lis, les Bourbons et l'honneur !

Français, etc. (1)

(2) Voyez, à la suite du Banquet, la musique de ces cou-

Rendu plus vif par les accents nobles et belliqueux d'une musique pleine d'inspiration et de
verve, l'enthousiasme est à son comble parmi les
convives, et semble ennoblir encore à leurs yeux
les avantages immenses que les deux peuples,
grâce à l'héroïsme de leurs guerriers, sont appelés
à recueillir de la délivrance du Roi Ferdinand,
délivrance dont un des fondateurs de la Société (1)
déroule ainsi le miraculeux tableau :

» MESSIEURS,

» Un Roi gémissait dans les fers, esclave sur un
trône indignement transformé en une sorte de
traiteau révolutionnaire où ses geôliers le faisaient
paraître et disparaître, monter, descendre et re-
monter, comme un mannequin jouet de leurs
caprices, le déclarant fou quand il voulait être libre, et lui rendant son bon sens lorsqu'ils avaient
besoin de revêtir en apparence leurs forfaits politiques de la sanction de son autorité.

» Le crime des sujets pouvait-il aller plus loin ?
Non ; car le poignard ou l'échafaud auraient moins
blessé la majesté souveraine.

» L'abaissement du prince pouvait-il être plus
profond ? Oui, si ce monarque, trahi par sa propre
faiblesse, et s'oubliant lui-même, avait permis à

---

(1) M. Lestrade, homme de lettres, secrétaire des XXIX.

l'abjection de ternir la gloire de ses malheurs. Disons la gloire, Messieurs, et dans sa plus juste, dans sa plus noble acception ; telle que, dans l'histoire de nos Rois, elle s'offre à nos regards attendris et respectueux, autour des chaînes de Louis IX, aux rivages d'Afrique, ou bien mêlant son éclat aux palmes du martyre, sur l'échafaud de Louis XVI.

» Rien n'est encore perdu pour un Roi quand l'honneur lui reste. Or, cet honneur royal, apanage héréditaire des Bourbons, Ferdinand a su le conserver tout entier dans les circonstances pénibles et périlleuses où, depuis trois ans, le tenaient enchaîné la tyrannie des Cortès et la révolte de ses troupes.

» Menacé chaque jour, à chaque instant, dans sa personne, dans sa vie, dans celle de son auguste épouse, de ses frères et de ses enfants, Ferdinand a supporté sans crainte et sans faiblesse le joug terrible de la nécessité ; et jamais sa volonté n'a fléchi sous l'obsession de ses bourreaux. Chacun de ses actes, toutes les fois qu'il lui a été permis d'en obtenir la manifestation, nous a montré dans lui le souverain sacrifiant tout au bonheur de ses sujets, et ne cédant rien aux cruelles exigences de leurs communs oppresseurs.

» Étranges et mémorables destinées que celles de ce Prince ! Appelé d'abord avant l'heure au trône des Espagnes, il ne s'y asseoit qu'un instant, et troque sa couronne d'un jour contre une prison de plusieurs années , par la jonglerie sacrilége du grand escamoteur des trônes et des Rois ; arraché des serres du vautour impérial par le dévouement héroïque de son peuple, c'est au nom de ce même peuple que des sujets rebelles le privent, plus tard, de ses droits, et prostituent, pendant trois ans , sa dignité royale aux burlesques parades d'un gouvernement prétendu constitutionnel.

» C'est au sein même de ces circonstances monstrueuses, qui semblent transporter pour toujours, dans sa personne, à la révolution dont il est l'esclave, les droits de la légitimité, dont il est le martyr, qu'il est beau, Messieurs, de le voir devenir la noble conquête d'un prince français, qu'une autre trahison avait aussi livré aux mains du Corse, et qui relève le trône des Bourbons en Espagne, à la tête d'une armée dont les rangs comptent une foule d'officiers et de soldats qui, malgré leurs talents personnels, vaincus sous Buonaparte, quand ils combattaient contre les droits de Ferdinand, n'ont retrouvé la victoire qu'en le replaçant sur son trône !

» C'est ici que se montre le doigt de Dieu ! Non, Messieurs , jamais une combinaison plus singulière d'événements prodigieux ne révéla les desseins de cette Providence qui veille sur les Bourbons et sur les États qu'elle a soumis à leur sceptre paternel.

» Tandis qu'autour de nous éclate la joie publique

par les sons religieux de l'airain, les détonations du bronze belliqueux, les hymnes sacrés et les chants populaires, dans quelle enceinte la délivrance royale peut-elle trouver des cœurs mieux disposés pour sa fête, que dans le sanctuaire social des XXIX ?

« Les premiers, Messieurs, nous avons salué à son aurore la victoire de nos braves; notre CHANT DE GUERRE a retenti dans leurs rangs, à la tête de leurs colonnes, et marié sa pompe harmonieuse à celle des fanfares militaires des soldats de France et de la Foi.

« Les premiers, nous avons reçu les expressions de leur reconnaissance pour ce faible hommage; et, depuis le quartier royal du Prince généralissime, jusqu'au modeste bivouac du Trapiste et du curé Mérino, nous sont parvenues de flatteuses réponses, dont le recueil fait ici sous vos yeux partie de nos trophées.

« Les premiers, nous avons donné ajournement à la Victoire (1), et, comme si la Providence avait

---

(1) Les lettres d'invitation pour le banquet portaient textuellement, sous la date du 3 octobre 1823, ces mots : « Le retard de cette fête royaliste a pour motif le désir de « célébrer un grand événement que nous garantit la valeur « héroïque de nos soldats, et qui permettra à la Société « de joindre le CHANT DE TRIOMPHE au CHANT DE GUERRE « dont elle a déjà fait hommage aux armées de France et « de la Foi. »

voulu, pour ainsi dire, nous traiter en enfants gâtés, elle a semblé attendre, pour briser les chaînes de Ferdinand, le jour qui est notre jour par excellence ;

» Jour du triomphe du premier des Archanges ;

» Jour de la naissance de notre Dieu-Donné ;

» Jour de notre formation, à l'ombre du berceau de notre Henri, le XXIX septembre, enfin : car c'est ce jour là même que les Cortès factieuses sont venues, dans Cadix, supplier Ferdinand de rentrer dans la plénitude de son pouvoir et de ses droits.

» Sa délivrance est donc pour nous une fête de famille, et c'est avec tout le feu d'amitié qui doit embraser des frères, que je vous propose de solenniser le *toast* dont je vais avoir l'honneur de commander la manœuvre, pour LA DÉLIVRANCE de Ferdinand VII.

1er FEU.

« Aux causes qui l'ont produite :

 » La haute sagesse de Louis XVIII ;

 » Les vertus guerrières et politiques du duc d'Angoulême ;

 » La valeur héroïque de nos troupes.

2e FEU.

» Aux bienfaits dont elle est la source :

 » Gloire pour la France ;

 » Paix pour l'Europe ;

 » Bonheur pour l'Espagne.

(27)

3° FEU.

« Aux mesures qui doivent la suivre :

> « Indulgence aux opinions ;
> « Justice contre les crimes ;
> « Récompense pour les services.

4° FEU.

« Au triomphe des principes seuls capables de la consolider :

> « Dévouement pour le Prince ;
> « Amour de la Patrie ;
> « Honneur à la FIDÉLITÉ. »

Ici les voûtes retentissent d'applaudissements qui disposent les cœurs au *toast* officiel, en l'honneur du royal ENFANT, de l'auguste PATRON des XXIX. « Si nous l'avons réservé, s'écrie gaiement « un des membres de la Société, comme on dit, « pour la bonne bouche, c'est pour mieux nous « conformer à l'esprit de cette fête. N'est-ce pas, « en effet, MONSEIGNEUR lui-même qui la donne, « par nos hommages, en l'honneur des Princes et « Princesses de son auguste race, et de la gloire « de nos armes? Il nous a donc été permis de « faire, en son nom, les honneurs de chez lui, en « donnant le pas aux santés solennelles que nous « avons déjà proclamées, telles que, la coupe bor- « delaise en main, notre nouvel HENRI les portera

« bientôt lui-même, aux jours florissants de son
« adolescence : préludons à cette heureuse époque
« par les *vivat* de notre amour. »

Soudain, sur l'invitation de M. le Président, un aimable et spirituel convive (1), chez qui le talent s'unit aux charmes du caractère, commande, en ces termes, le feu des batteries gastronomiques en l'honneur de S. A. R. :

« A la santé de Monseigneur le Duc DE BORDEAUX, l'Enfant du miracle, le Patron des XXIX.

« Sa naissance consterna la Révolte ;
« Son berceau réjouit la Fidélité ;
« Sa jeunesse appellera la Gloire ;
« Son règne fixera le Bonheur. »

A ces brillantes ovations, long-temps prolongées au bruit des flots du vin *du cru*, dont les coupes s'emplissent et se vident avec la plus joyeuse rapidité, succèdent les sons harmonieux du *piano-forte*. Sous les doigts habiles de M. Jadin, ils captivent aisément l'assemblée par l'attrait du plaisir, et la préparent aux élans de la gaieté sans-façon du Grenadier FRANCŒUR, qui, pour le coup, n'a pas mal fait de prêter son uniforme à

---

(1) M. Roger, l'un des quarante de l'Académie française, auteur de l'*Avocat* et de plusieurs autres ouvrages.

M. L. Vial (1), ou de lui emprunter son talent,
en prenant *tout de même*, M. Noyrigat pour son
chef-de-file à l'orchestre. C'est d'après cette distri-
bution de rôles, et l'assemblée entière formant le
chœur dans les faciles refrains de cette chanson
guerrière, que la salle du festin retentit des couplets
suivants, de FRANCŒUR au DUC DE BORDEAUX (2) :

PUISQUE les descamisados,
    Etrillés d'importance,
Ne nous montrent plus que le dos,
    Profitons d'la vacance.   (*bis*, *en chœur.*)
Sur l'affût de ce canon
J'vais bâcler z'une chanson
    Pour conter not' vaillance
Au p'tit neveu du prince que v'là ;
    Faut que le Fils de France
    Sache que j'sommes bons là. (*bis*, *en chœur.*)

Réveille-toi, petit luron,
    Au bruit de la Victoire ;
C'est un héros , c'est un Bourbon
    Qui nous mène à la gloire. (*bis*, *en chœur.*)

---

(1) Ce ne serait point un déguisement pour ce favori
des Muses, qui, avant de lier commerce avec elles, avait
fait le rude apprentissage des travaux de Mars, en qua-
lité de canonnier, à la mémorable défense de Lyon, sa
patrie, en 1793.

(2) Voyez, à la suite du Banquet, la musique de ces couplets, page (39.)

Henri Quatre et saint Louis
En lui semblent réunis;
   On admire et l'on aime
De Mars ce digne favori :
   Si c' n'était d'Angoulême ,   } *(bis , en chœur.)*
   L'on dirait : c'est Berri.

Grenadier toujours en avant,
   Et plus humain que c't autre ,
Tout prêt à prodiguer son sang ,
   Il ménage le nôtre ;   *(bis , en chœur.)*
Aperçoit-il un danger ?
Il accourt le partager.
   J'ons beau dire : Prenez garde ,
Z'un boulet maladroit… pourrait….
   Filez… ça nous regarde ;   }
   C'est comm' si l'on chantait. } *(bis , en chœur.)*

Faut voir chacun de nos soldats ,
   Relevant sa moustache ,
S'élancer gaîment aux combats
   Sous le drapeau sans tache. *(bis , en chœur.)*
Que n'as-tu , petit luron ,
Un peu de barbe au menton !
   Tu serais de la fête :
Au feu bientôt tu gagnerais
   Les cœurs et l'épaulette   }
   Des grenadiers français.   } *(bis, en chœur.)*

Ton oncle guide aux ennemis
   Nos phalanges guerrières ;
Plus tard je vois marcher nos fils
   Sous tes blanches bannières. *(bis, en chœur.)*
Pour la France tu grandiras
Et dans peu d'temps tu pourras ,

Lisant la noble histoire
Du fils de notre preux d'Artois,
 Faire ton cours de gloire   } (bis, en chœur.)
 En comptant ses exploits.

Aujourd'hui c'est un vrai plaisir
 Que d'être militaire ;
Il n' s'agit plus de conquérir,
 De dévaster la terre.   (bis, en chœur.)
L'honneur seul arme nos bras,
Et nous marchons aux combats
 Pour un peuple fidèle
Qui veut son Roi, sa r'ligion....
 Voilà ce qui s'appelle   } (bis, en chœur.)
 Un' guerre à la Bourbon.

Royal enfant, ce mois heureux,
 Témoin de ta naissance,
D'un peuple brave et généreux
 A rempli l'espérance.   (bis, en chœur.)
Dignes soutiens de sa foi,
J'lui rendons son Dieu, son Roi :
 Puis, au nom de la Victoire,
J'irons, nos lauriers en faisceau,
 Des palmes de la gloire } (bis, en chœur.)
 Ombrager ton berceau.

La belle et brillante exécution de ce morceau, dont les divers couplets ont tour à tour excité les joyeuses tempêtes de l'enthousiasme, est déjà achevée, que long-temps encore après, dans le silence de l'orchestre, les convives en fredonnent les passages les plus inspirateurs, au sein de ce désordre aimable qui ajoute encore au plaisir, quand il est, comme ici, l'effet du sentiment.

C'est dans cette aimable disposition des esprits, que M. le Président annonce la clôture des santés officielles, et proclame, au nom des XXIX, l'étiquette *en congé provisoire*, invitant les convives, à l'exemple du Grenadier *Francœur*, à profiter *d'la vacance*, pour ajouter encore au plaisir de la fête par le libre tribut de leurs inspirations françaises et royalistes.

Cet appel est entendu, et d'un élan chevaleresque, que partage l'assemblée entière, M. le Comte de La Boulaye-Marillac propose, en l'honneur des Dames françaises, un ᴛᴏᴀsᴛ, soudain proclamé avec le tendre et respectueux enthousiasme dont s'enflamment si noblement les cœurs généreux pour un sexe si digne de nos adorations par ses grâces et ses vertus.

Viennent ensuite tour à tour, dans un entrelacement qui en fait mieux ressortir la piquante variété, les jolis contes de M. Vial, les impromptus de M. Bugnot, les historiettes de M. Deville, les improvisations de M. Lestrade, les couplets agréables de M. de Wolbock, les heureuses saillies de M. Le Joyand (1) les chants de

---

(1) Royaliste intrépide, qui osa protester, à la barre de la Convention, contre les décrets régicides de la mise en jugement et de la condamnation de Louis XVI.

M. Noyrigat, les brillantes exécutions de M. Jadin (1) sur le piano, et puis encore quelques *toasts* de réserve, que l'on jette joyeusement dans la mêlée, aux dépens du Champagne, au profit du plaisir, et parmi lesquels on remarque celui consacré aux écrivains royalistes, dont l'honneur est déféré, par l'assemblée, à l'un des membres distingués (2) de cette coalition sainte de talents et de courage, qui, *à l'exemple d'un grand Roi*, selon les expressions du loyal convive, *n'a pas désespéré du salut de la Monarchie, aux jours mauvais de la révolution et du libéralisme, et n'a pas peu contribué, en combattant à outrance les fausses doctrines sur le terrain de l'opinion, à préparer les triomphes de nos soldats sur le champ de bataille.* »

Mais déjà les lois de l'étiquette ont repris un instant leur vigueur; la bienfaisance en profite pour le soulagement de l'infortune, au moyen d'une collecte après laquelle on fait une distri-

---

(1) Parmi les divers morceaux que M. Jadin a fait entendre dans cette soirée, et dont la plupart sont de sa composition, on a surtout applaudi le *Vive Henri!* paroles de M. de Besencenet, officier de S. A. R. MONSIEUR; le *Bouteille*, paroles de M. Jadin fils, garde-du-corps du même prince; l'*Espagne délivrée*, par M. Lambert, et le *Pas de charge du duc d'Angoulême*, par le même.

(2) M. le marquis de Coriolis Despinouses.

bution d'exemplaires d'une gravure, très bien exécutée, du portrait du Roi d'Espagne... L'harmonie se fait entendre une dernière fois, et M. le Président, après avoir ajourné, au nom des XXIX, les honorables et joyeux convives au banquet du *Retour de l'armée d'Espagne et de son auguste Chef*, proclame la clôture de la fête de *leurs victoires*, aux cris vivement répétés de

VIVE LE ROI !

VIVENT LES BOURBONS !

VIVE LA FRANCE !!!

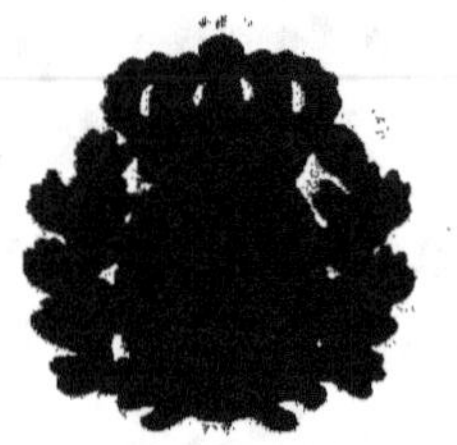

TABLEAU DES CONVIVES.

NOMS, QUALITÉS, TITRES ET GRADES.	TITRE SOCIAL.
Acloque de Saint-André (le baron), aide-major-général de la garde nationale de Paris..............................	Souscripteur.
Aubert, administrateur..................	Idem.
Becquey (le baron), directeur général des ponts et chaussées......................	Idem.
Buin, chevalier de Saint-Louis, major de la garde nationale......................	Idem.
Balbatre (le chevalier), lieutenant-colonel de la garde nationale..................	Idem.
Briffaut, homme de lettres.............	Idem.
Bergeon, négociant....................	Idem.
Bersi (de), colonel, chevalier de Saint-Louis...........................	Idem.
Bersi (le chevalier), ex-chef d'escadron...	Idem.
Bugnot, manufacturier.................	Fondateur.
Baron (le baron), député, directeur-général du Mont-de-Piété......................	Souscripteur.
Collot (le chevalier), administrateur de la monnaie.........................	Idem.
Casas, administrateur.................	Idem.
Corbin d'Epinonne (le marquis), homme de lettres...........................	Idem.
Collière de Nanci, ancien fournisseur....	Idem.
Chauveau-Lagarde (le chevalier), avocat aux conseils du Roi..................	Idem.

NOMS, QUALITÉS, TITRES ET GRADES.	TITRE SOCIAL.
Delarue (le chevalier), garde général des archives du royaume....................	Fond. Présid.
Dupras, officier de l'Université, chef d'institution.....................	Fondateur.
Davennes, notaire royal à Vincennes....	Souscripteur.
Dubois (le chevalier), sous-inspecteur des douanes, capitaine de la garde nationale.	Sociétaire.
Deville, ancien trésorier de France, homme de lettres.....................	Idem.
Docquin Saint-Preux (le chevalier), capitaine d'artillerie de la garde royale...	Idem.
Dubouchage (Gabriel), ancien député...	Souscripteur.
Ducancel (avocat)......................	Idem.
Dutraignaux, inspecteur de l'octroi de Paris,	Idem.
Dutheil (le vicomte), capitaine de la gendarmerie royale de la ville de Paris....	Idem.
Duparc, avoué.....................	Idem.
Duparc, conseiller référendaire à la cour des comptes.....................	Idem.
Éverat, imprimeur.....................	Idem.
Fournerat (de), substitut de procureur du Roi.....................	Idem.
Freytag (de), maréchal-de-camp........	Fondateur.
Férussac (le baron de).....................	Souscripteur.
Grammont (Carton de), chevalier des ordres de Saint-Louis et d'Hohenlohe....	Fondateur.
Giraud, chevalier de Saint-Louis, chef de bureau à la trésorerie.....................	Idem.

NOMS, QUALITÉS, TITRES ET GRADES.	TITRE SOCIAL.
Gau (le baron), conseiller-d'état.......	Souscripteur.
Harel-la-Vertu, financier..............	Idem.
Jackson (le chevalier), chef de division aux postes.................	Idem.
Jadin, chevalier de la Légion-d'Honneur, gouverneur des pages de la chapelle du Roi...............	Idem.
Jaume Saint-Hilaire................	Idem.
Kentzinger (le baron de), maréchal-de-camp, chef d'état-major de MONSIEUR..	Idem.
Lestrade, homme de lettres.............	Fond. Secrét.
Laboulaye-Marillac (le comte), chevalier de Saint-Louis, directeur de la manufacture des Gobelins................	Souscripteur.
Le Joyand (le chevalier), médecin......	Idem.
L'Loyd, gentilhomme anglais..........	Idem.
Letourneur (le marquis), lieutenant-général, major des gardes de MONSIEUR........	Idem.
Laptsonce, banquier................	Idem.
Moreau, chef de bureau à la caisse d'amortissement................	Sociétaire.
Moelle, archiviste à l'enregistrement.....	Souscripteur.
Maubla (le comte de), lieutenant-général.	Sociétaire.
Mereton-Chabrillan, capitaine dans la garde royale.	Idem.
Malet (le chevalier de), lieutenant de Roi.	Fondateur.
Madinier, chevalier de Saint-Louis.......	Idem.
Mibge, rentier................	Idem.

NOMS, QUALITÉS, TITRES ET GRADES.	TITRE SOCIAL.
Noyrigat, musicien...................	Souscripteur.
Pêche, négociant de Bayonne...........	Idem.
Pillet, libraire......................	Idem.
Rougemont (de), directeur des douanes..	Idem.
Roger, de l'Académie française, secrétaire-général des postes.................	Idem.
Rosenvin, manufacturier..............	Sociétaire.
Roussel, administrateur..............	Souscripteur.
Roi, grammairien....................	Idem.
Rivière (le marquis de), pair de France, capitaine des gardes de Monsieur.....	Idem.
Roth, secrétaire d'ambassade..........	Idem.
Saint-Roman (le comte de), pair de France, colonel de la garde nationale..........	Idem.
Sanlot, banquier....................	Idem.
Serres, négociant...................	Idem.
Tillon, négociant...................	Idem.
Gros (le chevalier), commandant de fusiliers sédentaires.	Idem.
Villatte (le colonel de).............	Idem.
Vial, homme de lettres...............	Fondateur.
Wolbock (le baron de), chevalier de Malte, secrétaire particulier de M. le duc de Doudeauville................	Souscripteur.

CHANT DE TRIOMPHE.

Cette pièce gravée séparement avec Simphonie, l'Accomp! de
Piano se trouve chez Janet et Cotelle rue S! Honoré N?

FRANCŒUR.

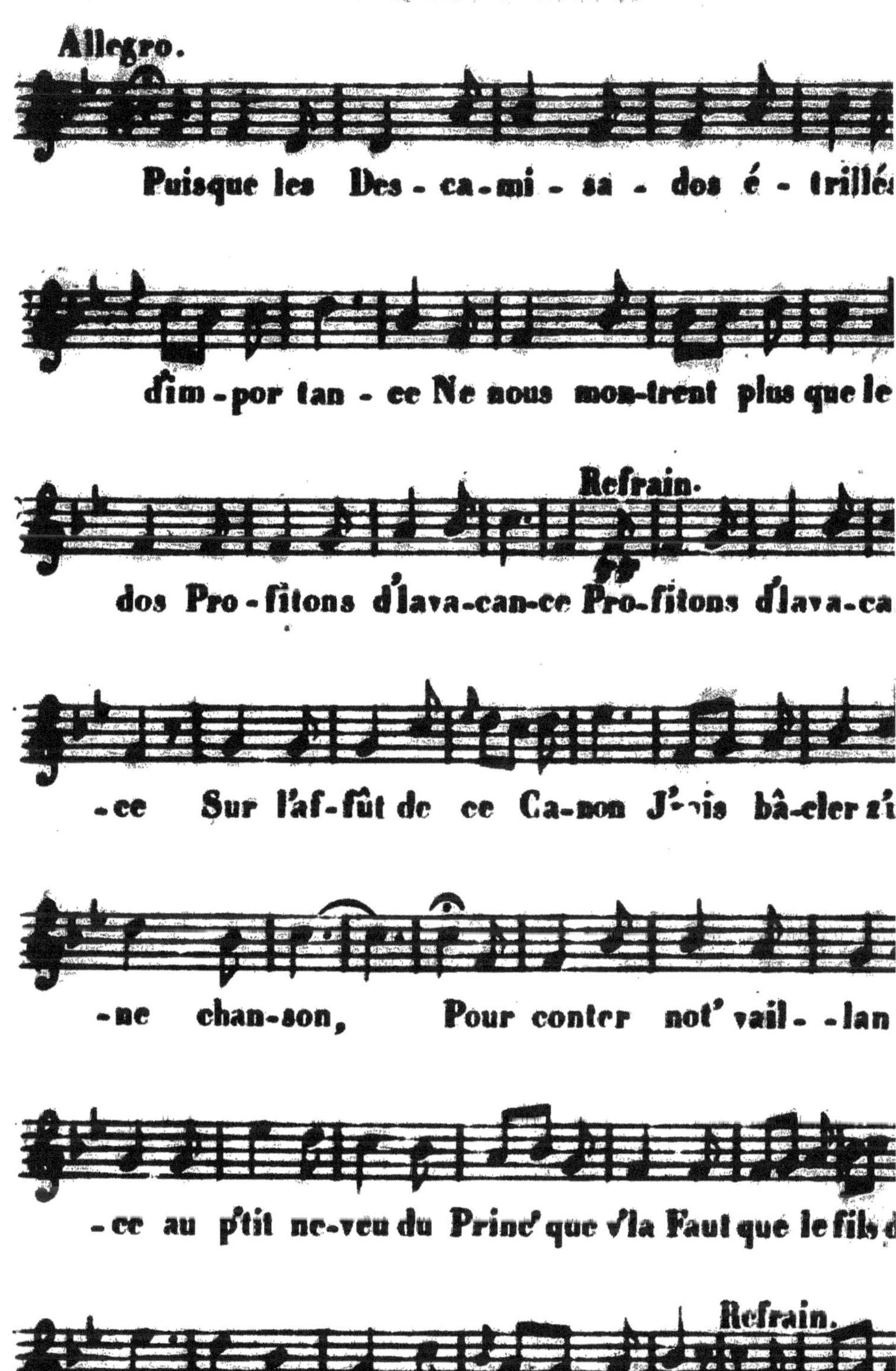

Allegro.
Puisque les Des - ca - mi - sa - dos é - trillé
d'im - por tan - ce Ne nous mon-trent plus que le
Refrain.
dos Pro - fitons d'lava-can-ce Pro - fitons d'lava-ca
-ce Sur l'af-fût de ce Ca-non J'vais bâ-cler z'i
-ne chan-son, Pour conter not' vail- -lan
-ce au p'tit ne-veu du Princ'que v'la Faut que le fils
Refrain.
Sach'que nous somm's bons là Faut que le